正向性格修煉術

害羞的我也能勇敢說話！

名越康文 編著

新雅文化事業有限公司
www.sunya.com.hk

好！新學期終於開始了！大家好像和新同學相處得很愉快呢！
今個學年請你多多指教！
我才要向你多多指教呢！
緊張
緊張
害羞小美
擅長畫畫的女孩子。如果有不熟悉的人跟她說話，她就會臉紅耳赤，什麼話都說不出來。

扭捏阿雄

身手敏捷又喜愛做運動的男孩子。他不太習慣主動跟第一次見面的人交談。

扭揑
扭揑
不知道老師是個怎樣的人呢？
好期待呀！

咦？原來班裏也有人沒有跟任何同學說話，那就是害羞小美和扭捏阿雄。他們兩個都是「怕生」的孩子，不太擅長跟第一次見面的人談話。

班主任終於來到了，那是一個衣着華麗的人，名叫積極老師。

他臉帶笑容，用響亮的聲音，精神奕奕地跟大家打招呼！扭捏阿雄和害羞小美看到他，都覺得十分驚訝。

積極老師

扭捏阿雄和害羞小美的班主任。他為人正面樂觀，最喜歡打扮，還十分擅長表演魔術。

如果我可以像老師那樣打招呼就好了。

很想一起聊天呢！
其實我曾經跟大家一樣，
也是個怕生的人。
坐立不安

什麼？怎麼回事？積極老師也曾經怕生嗎？完全看不出來呢！這是真的嗎？

完全看不出積極老師會怕生呢，
難道當中藏着什麼秘密？
假如知道這個秘密，扭捏阿雄和害羞小美也能輕鬆做到吧。來，看看左邊！

咦，我可以跟「怕生」好好相處嗎？
我也做得到嗎？

其實，秘密就是跟「怕生」好好相處。

為了改善這個問題，我們應該怎樣做呢？大家一起看下去吧！

編者的話

各位讀者，不知你是懷着什麼心情去閱讀手上這本書？「跟初次見面的人談話真的很難……」？「因怕生而變得越來越消極……」？說不定你也有以上煩惱，而且很想克服這些問題。

或許你過去已經很努力改變自己，可惜至今仍然不太順利，令你誤以為這是改不掉的壞習慣，甚至想過放棄改變。

不過，其實你在煩惱的「怕生」正是你人生中重要的一部分。毋須勉強自己改掉，反而應該好好理解這是因為「思考習慣」、「心情」和「行動」而造成的情況，並和它好好相處。況且，怕生也有可能增加你的魅力啊！

我衷心希望大家可以對「怕生」有更深入的認識，於是撰寫了這本書跟大家分享：怕生的人究竟是怎麼樣？人們為什麼會怕生？

閱讀這本書，能夠讓你了解到如何跟「怕生」好好相處，以及認識它帶來的獨有魅力。如果你常常想着改掉「怕生」的話，也許這本書還會令你改變想法，覺得這並不是一件壞事呢！

名越康文

目錄

第2章　怕生是特別的事情？

第3章 為什麼有人會怕生？

第4章 與怕生好好相處吧！

第1章

什麼是「怕生」？

我們會在什麼時候說一個人「怕生」呢？在那個時候，心情會變成怎麼樣呢？為什麼怕生會使人感到如此困擾？各位，快在這一章裏找答案吧！

怕生是什麼一回事？

大家知不知道怕生是什麼一回事？舉個例子來說，你平時明明能夠跟家人和好朋友談天說地，可是當你面對初次見面的人時，卻無法像平常一樣與人交談。這就是因為你怕生呢！

談話的對象不同了，就無法說出話來，真奇怪！但請你再仔細想想，過去是不是曾經有過這樣的經驗？

啊！我……
小美妹妹，你做花環很拿手啊！可以教我嗎？

這是害羞小美第一次跟朋友的姊姊見面，雖然姊姊稱讚她製作花環的手工了得，她卻高興不起來，只是感到害羞而已。

扭捏阿雄明明很想跟公園裏那些不認識的孩子一起玩耍，卻無法說出「我想跟你們一起玩！」這句話。

炸薯餅
蔬菜
扭揑阿雄在市場裏找來找去也找不到洋葱，他本想開口問店員，卻無論如何也開不了口。
買洋葱
找不到……

相信不少人都以為「怕生」就是指不擅長應對初次見面的人，但其實遠遠不止這樣。有些人遇到不太常見的鄰居或親戚時，也會產生「怕生」的感覺，為不知道該說什麼話而困擾。你又會不會這樣子呢？

鄰居跟害羞小美打招呼，她一時反應不來，害怕得不知如何回應。

心情透視：怕生的人在想什麼？

人們怕生的時候，內心到底會出現怎樣的變化？請大家仔細看看吧！

嘩！原來心底裏會湧出各種各樣的情緒啊！

她讚我呢，好開心啊！不過，我做花環不算很拿手呀……

害羞小美複雜的心情透視：她為別人的稱讚而感到開心，但同時對這稱讚抱有疑問，令她不知如何是好。

扭捏阿雄複雜的心情透視：他希望和其他孩子一起玩耍，但同時擔心遭到拒絕。

炸薯餅
蔬菜
扭捏阿雄想詢問店員，但他擔心會為店員添麻煩，於是猶豫着什麼時候開口才好。
買洋蔥
店員好像很忙，我主動跟他說話真的好嗎？

「不想給其他人添麻煩呀！」
「我總是想表現得好一點。」
怕生的時刻，心底裏可能會湧出類似以上的感受。假如你把這些感覺無限放大，就會很難說出自己真正的想法。

大家心裏想的都不一樣啊！
CAFE

很想好好打招呼，但我未必做得到呢……

害羞小美太想做個好孩子，有禮地跟別人打招呼，這反而令她未能冷靜地說出話來。

什麼事情會令人感到困擾？

也許你一直改不掉「怕生」，以致不太喜歡這樣的自己。畢竟到目前為止，你已試過很多次因為這緣故，而令交談對象覺得很尷尬。這些經歷使你日漸厭倦跟其他人談話，總是想着要避開你不擅長應付的人和情況。

現在來想一想，究竟過去你是在什麼時候，為了什麼事情而困擾呢？

因為怕生而困擾的學生，
請來老師這裏集合吧！
到！

雖然扭捏阿雄和害羞小美都真心喜歡這個遊戲，可是因為說話太少，令朋友懷疑：「他們真的喜歡嗎？」

令人困擾的事①

未能表達自己的想法

一眾怕生的孩子之中，有些人不太擅長表達自己的心情和想法。

說話前想得越多，開口的次數自然越少，而且難以回應別人的話，甚或未能向對方表達真正的想法。

令人困擾的事❷

不擅長拒絕和拜託別人

有人拜託自己做事的時候，你總是不懂得拒絕。相反，當你不得不拜託別人幫忙時，又會不知怎麼辦才好。對於怕生的人，這種情況真的很常見！這恐怕是因為你不想給對方添麻煩，又擔心會令對方感到厭煩吧。

這本書我明天才還給你！
讀到一半的確很難停下來……就借給你吧！
噢……好呀！

扭捏阿雄剛買了新書，他本來很期待今天可以閱讀，可是朋友問他借書時，卻不懂怎樣拒絕。

害羞小美很想跟其他人一起餵兔子，可是她卻無法主動加入大家。

令人困擾的事③

想交朋友卻做不到

怕生的人不敢主動跟初次見面或不太熟悉的人搭話，以致在對方心中留下沉默寡言，或難以交談的印象。明明想跟別人交朋友，卻無法縮短彼此的距離，這真是太可惜了！

不必失望的！

怕生的確會帶來很多困擾，想必有人會認為：如果我不怕生，那該有多好呢……

其實，怕生並不是只有壞處。這當然有令人感到困擾的時候，但還是會帶來好的事情！

打個比方說，有人總是3分鐘熱度，對任何事物都充滿興趣；卻有人反應不夠快，卻會埋頭苦幹慢慢做好。同樣道理，一定也有因為怕生才能看到的優點啊！

因此，請你放下「怕生＝不行」這個先入為主的想法。

扭捏阿雄和害羞小美溺水了！但事實上，那裏是他們能輕易着地的淺水池。如果一味認定自己溺水的話，只會令自己陷入痛苦。

咦！
站起來了！
水很淺
你們兩個要保持冷靜，水並沒有很深呀！

跟「怕生」好好相處！

怕生的力量
一聽就會愛上的講座！
深入認識怕生是十分重要的！

即使現在你已經明白怕生不是什麼壞事，一直以來那份想徹底改掉怕生的強烈想法也不會馬上改變。

可是，只要你願意跟怕生好好相處，哪怕將來遇上令你困擾和煩惱的事情，你仍然能夠積極正面地思考。

為了你自己，請謹記怕生其實也有好處啊！

令人困擾的事

第1件 未能表達自己的想法

第2件 不擅長拒絕和拜託別人

第3件 想交朋友卻做不到

← **好處**

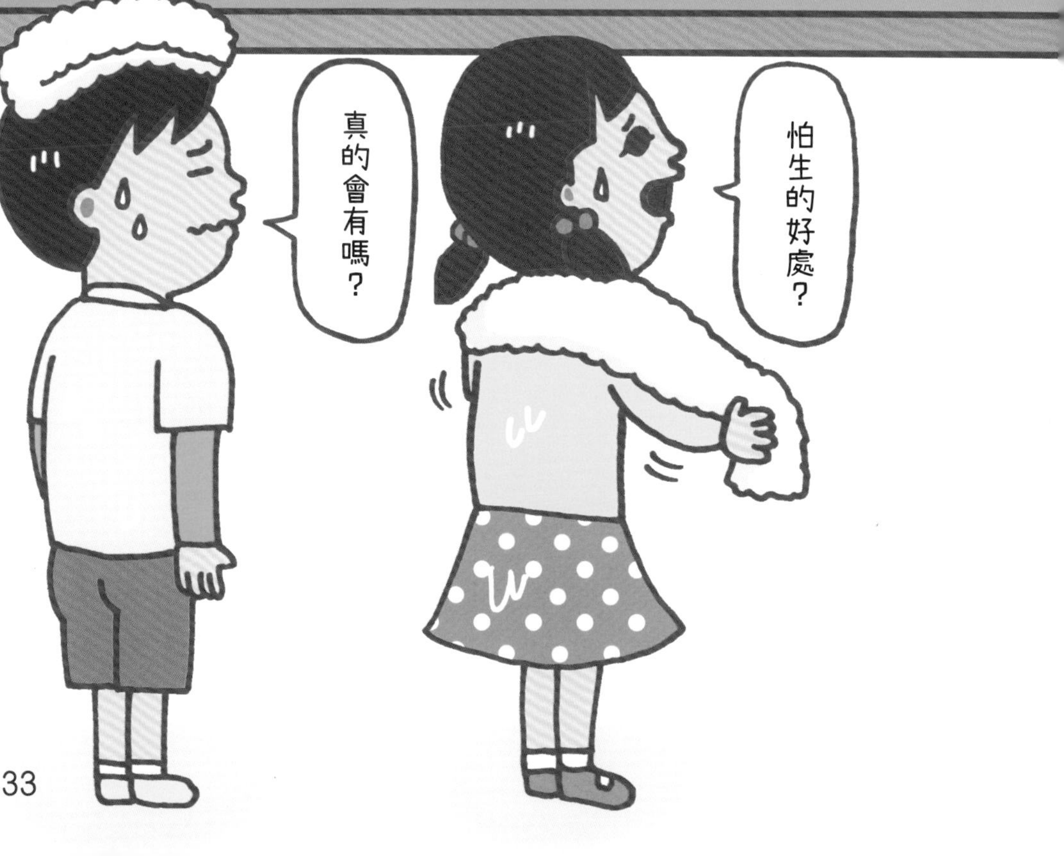

第2章

怕生是特別的事情？

有很多人也跟你一樣，常常
為怕生而煩惱。
不過怕生其實有很多好處，
根本不算什麼壞事啊！
這一章的主題就是教你好好
面對怕生，幫助你細心了解這樣的
自己。

只有自己才怕生？

「為什麼身邊的人總是可以馬上跟其他人熟絡起來，而自己卻做不到呢？」

「為什麼只有自己會怕生呢？」

莫非你也陷入了這種苦思，並為此坐立不安？

難道你覺得只有你一個會怕生嗎？
咦？不是只有我會嗎？
但大家怎麼看也不像怕生呀……

只要仔細看看四周的人，就會發現他們隱藏起來的心情從身上的拉鏈外露出來！

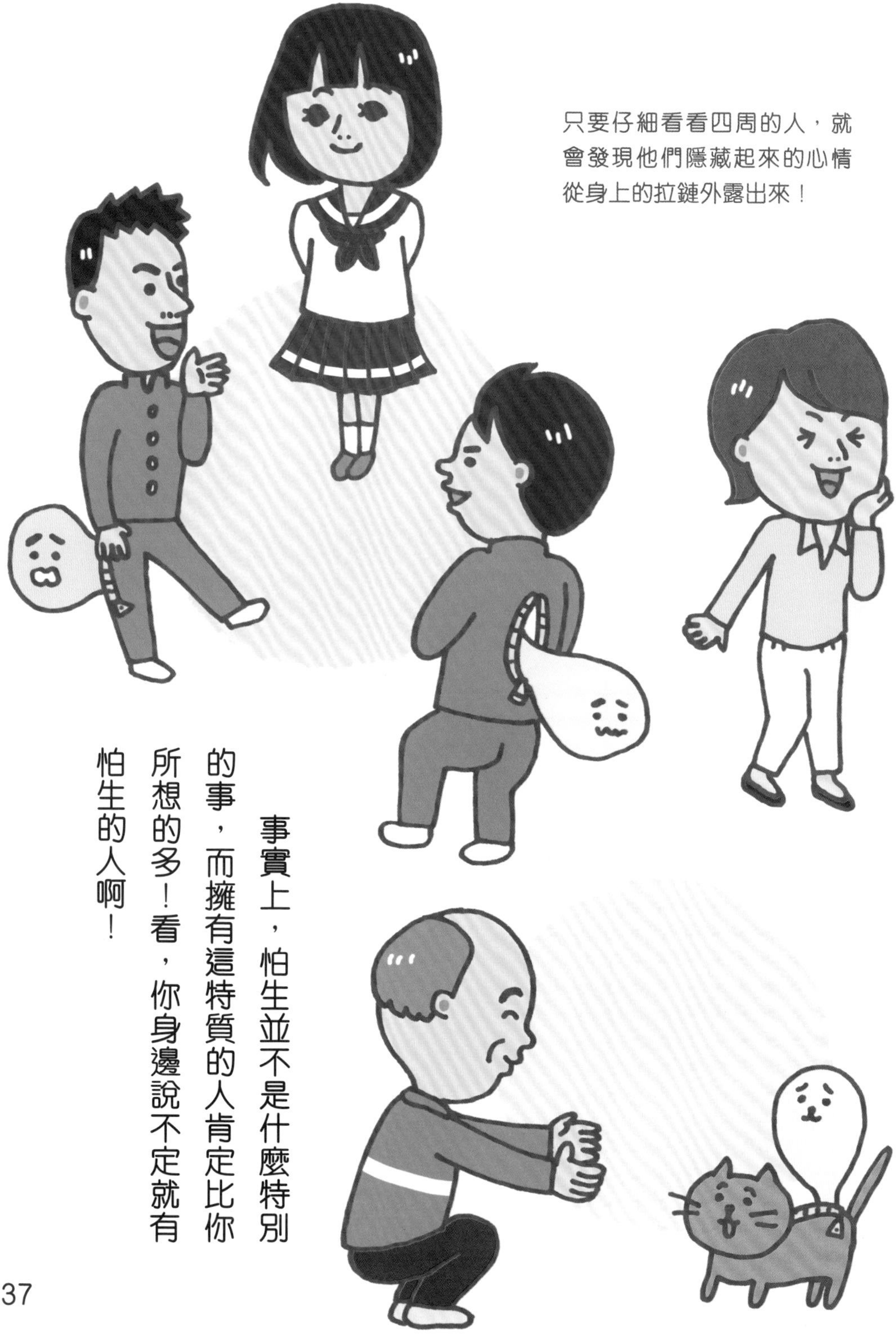

事實上，怕生並不是什麼特別的事，而擁有這特質的人肯定比你所想的多！看，你身邊說不定就有怕生的人啊！

大家小時候會不會怕生？

要認識怕生，就要從我們心靈的成長階段去了解。

雖然很多人都怕生，但其實沒有人是天生就怕生的。看看那些出生不久的嬰兒，無論在什麼人面前都會展露笑臉啊！

然而到了大約半歲時，假如給媽媽或照顧者

這個階段的嬰兒表情都很愉快呢！

老師的成長印記

出生後 1 個月

這是祖母第一次抱住積極老師，看他笑得多開心！

以外的人抱起，寶寶就可能會大哭起來。這是因為跟不認識的人接觸時，內心會產生不安的感覺。而這同時代表寶寶已經認得媽媽和熟悉的人，能夠把他們和其他人區別開來。

說到底，怕生其實是嬰兒長大了的證明呢！

原來這個時候已經會怕生！
1歲
有親戚到積極老師的家，當他發現這是媽媽以外的人，立即哭了起來呢！

3 歲時

積極老師第一天上幼稚園時，因為媽媽不在附近而感到寂寞，還哭泣起來呢！

升讀幼稚園或小學後，小朋友的環境和生活一下子會有很大轉變。當他們進入這個階段，往往會為與新同學相處或不擅長交朋友而苦惱。

這段時間跟嬰兒時期有點不同，因為他們現在也清楚知道自己是怕生。

6 歲時

踏入學習階段的積極老師常常因為不知道跟同學說什麼好，而一直垂下頭來。

安靜……

我很明白老師的心情呢！

9 歲時

班上來了個轉校生，朋友們都很快跟他熟絡起來，只有積極老師跟他不太親近。

原來那個人也會怕生！

這裏幾乎全是陌生人，真叫人緊張呢！我能夠好好跟他們說話嗎……
唉，真想離開這裏……

歷史上那些英勇的武將和傑出的領袖似乎跟誰都可以熟練地說話，而且任何時候也一副威風凜凜的樣子。可是，真實的情況真的是這樣嗎？他們可能也會有一些不為人知的想法啊！

歡迎大家光臨。
我是第一次到這裏來，這城堡真宏偉呢！

歷史上那些英雄人物心裏，可能也會充斥着不安和緊張的情緒。

在這些出色的人當中，肯定也有人不擅長與初次見面的人談話，或是要多花一點時間才能跟別人熟絡起來。

不管是什麼時代、什麼身分的人，也有可能會怕生的啊！

怕生的人可能是表裏不一！

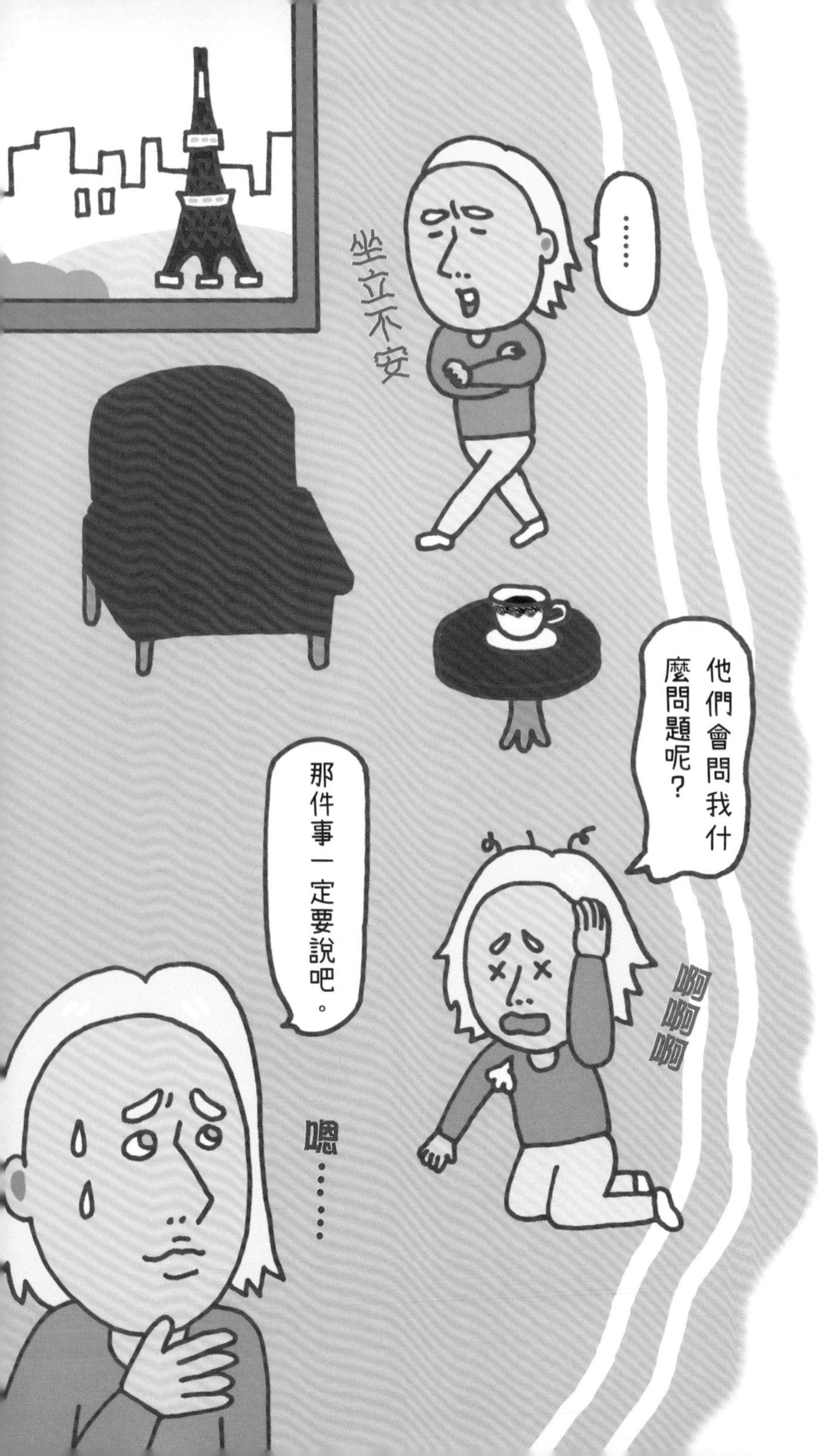
……
坐立不安
他們會問我什麼問題呢？
啊啊啊
那件事一定要說吧。
嗯……

這個外國名人接受訪問前一天，在家裏拚命練習。也許海外也有名人會怕生呢！

電視上那些演員和音樂家總是給人神采飛揚的感覺，或許大家不會覺得這些人怕生，但說不定他們心底裏也很猶豫啊！

只有人類才會怕生？

遇上獅子時，斑馬會目不轉睛地觀察對方，一有機會就會馬上逃去安全的地方。

動物在遇到其他種類的動物時會提高警覺，並深入觀察甚至嚇唬對方，以防遭到攻擊。牠們這樣做是因為無法判斷對方會對自己做些什麼，所以絕對不能掉以輕心。

其實動物這種自然反應跟人們怕生有點相似，你知道兩者有什麼共通的地方嗎？

好像很美味！
啊！有很多斑馬呢！
那些斑馬一定覺得十分不安！
那些斑馬留意着獅子的行動呢！
你們知道斑馬的心情嗎？

重溫一下過去的經驗！

你身處的環境當然與動物世界完全不同啦！

可是，當你跟那些不認識或不太熟悉的人說話時，也會像斑馬遇上獅子時一樣心跳加速，惶恐不安吧！

扭捏阿雄來圖書館還書，卻不知怎樣跟職員開口說話，遲遲不敢走近還書處。

圖書館裏
不是平時那個職員呢，要鼓起勇氣才行……

鄰班同學將小美不見了的東西交還給她，小美一時緊張，忘了向同學好好道謝呢！

沒錯，怕生的人跟動物提高警覺的時候十分相似。兩者都因為不認識對方，而不清楚自己要怎樣做才好。對動物和人類來說，這大概是相當自然的反應吧！

大家明白了怕生的人和動物的共通點了吧！

怕生的人跟其他人有什麼分別？

啊！遲到了！
大家已經開始踢足球了！

扭捏阿雄和清爽阿希約了朋友玩耍，但兩人都遲到了。大家來比較一下二人有什麼不同吧！

對不起，我遲到了。請讓我一起玩吧！
好呀！

世界上有各種各樣的人，有人會怕生，自然也有人是不怕生的。

那麼，這兩類人究竟有什麼分別呢？

偷看
……
扭捏阿雄不想成為眾人的焦點，於是悄悄加入大家。
鬼祟
偷偷地混進去！
好，準備射門！
清爽阿希很快就跟大家打成一片。
咦？是阿雄呀！你何時來到的？
入球了！
太厲害了！阿希，做得好！

不怕生的人善於表達自己的想法，所以大多很快結交到新朋友。相反，怕生的人不太擅長說出內心的感受，以致需要花較長時間來與朋友互相認識和了解。

害羞小美難得帶來了點心，卻害羞得不敢說出「大家一起吃吧！」這句話。

這是我和媽媽一起做的，大家快來吃吧！
給大家派甜點的伶俐琪琪很快就跟眾人聊得十分起勁。
嘩！很厲害呢！
BOOK

怕生並不是壞事！

我很喜歡這本漫畫呢！
為什麼你會喜歡這本漫畫？
雖然不是很受歡迎的漫畫，但應該有一些吸引到他的地方……

相比起說出自己的感受，扭捏阿雄選擇先詢問朋友喜歡這本漫畫的原因。

怕生的人似乎比不怕生的人遇到更多叫人困擾的事？沒有這回事！即使遇上第26至29頁中那些「令人困擾的事」，也可以透過改變想法，將它變成好事呢！

好處❶

説話時會慎重地選擇言辭

很多怕生的人都會因為想太多而未能好好説話，甚至無法表達出自己真正的感受。但正正因為他們思前想後，謹慎地考慮説話內容，所以甚少會説出傷害別人的話。

好處❷

懂得體諒別人的心情

　　怕生的人總是不懂得拒絕或拜託別人。其實他們不願拒絕別人的請求，是因為知道這樣做會令對方很苦惱；而不敢拜託別人，也是因為擔心會為對方添麻煩。相比起自己，他們反而優先考慮對方的心情，真是體貼呢！

可以幫我拿這袋東西嗎？
好呀！

她好像很辛苦，要幫幫她呢！

不如我來幫忙打掃吧！
不用了，謝謝呀。
要她幫忙打掃不太好吧……

當朋友拜託害羞小美時，她會立即幫忙。可是讓朋友來幫忙的話，她卻覺得不好意思。

唉
咦，他好像跟平時不太一樣呢……

好處❸

較容易結交到知心好友

怕生的人常常想跟朋友熟絡一些，卻總是親近不來。的而且確，他們無法在短時間內縮短彼此的距離。但在相處的過程中，他們往往有好好觀察對方，熟知朋友的優點，還會注意到那人細微的心情變化。即使需要花較長時間，最終也能成為知心好友呢。

他看起來沒精打采，發生了什麼事呢？

扭捏阿雄和害羞小美經常觀察朋友，只要他們主動踏出第一步，一定能令關係變好的！

來比較一下外表和內心！

正面
怕生的
扭捏阿雄
不怕生的
清爽阿希

你有沒有想過，世界上為什麼會同時存在怕生和不怕生的人？現在就從這兩類人的裏裏外外看個究竟！

大家在外表上有很大差異！看，我們兩個的眉形都不同呀！

背面

假如去比較這兩類人的外表，就會發現有很多不一樣的地方！那麼，他們的內心又怎麼樣呢？

怕生的害羞小美

試試看進內心！

失敗了該怎麼辦？

令人很在意呢……

要你主動過來跟我說話，真是不好意思呢！

除了外表，怕生的人和不怕生的人在思想上也有很大區別。

不怕生的伶俐琪琪

你知道有什麼不同嗎？試從她們的內心找答案吧！

想認識新朋友！

如果今天不順利的話，就明天再去搭話吧！

其他人會怎樣想呢？

不太在意呢！

有人跟自己說話會怎樣？

能跟你談話真開心呢！

為什麼人們會怕生？其實這是跟「思考的習慣」有關。這一章就來探索一下怕生的人是怎樣形成吧！

第3章

為什麼有人會怕生？

「思考的習慣」是指什麼？

人們常常會不自覺做出摸頭髮、交疊雙手等小動作，這是誰都可能會有的習慣。但除了這些顯而易見的習慣外，還有一些看不見的！那就是思考的方式。

不僅是你，其實所有人思考時都會有自己的一套模式。這對人們來說是理所當然的習慣，很難去改變的。

只剩下一星期而已……
無論怎樣練習都來不及了吧……
害羞小美與朋友對於「一星期」的看法完全不同呢！
還有一星期時間，一定沒問題的！
要多多練習一下不熟練的部分呢！

怕生的人是這樣思考的

成長環境、學校所學的知識、與朋友的交往相處等，均會影響小朋友的思考習慣。隨着孩子不斷長大，逐漸養成了不同的習慣。

接下來要為大家介紹一下，怕生的人常有的「五個思考習慣」。你會不會也有這些想法呢？

「五個思考習慣」就像小怪物一樣，會常常出現呀！
好熟練呢！
台詞不行！聲量又不行！
怪物
「不行不行」
很帥氣呢！

思考習慣 ❶

只看到自己不好的地方

即使事情相當順利，你仍然覺得不夠完美，以致無法由衷地高興起來；即使獲得稱讚，你還是覺得其他人做得比自己好。

如果你總是這樣想的話，不是只會放大不好的地方嗎？

建立自信是十分重要的，請你多想想自己的優點，培養多點信心。假如你眼中只有缺點，不是很可惜嗎？

有些對白講得不太順暢呢……
如果由其他人來演，一定會做得比我出色……

在學校話劇表演中，扭捏阿雄擔當勇士的角色。雖然大家都稱讚扭捏阿雄，但怪物「不行不行」只顧指出他有什麼做得不好。

思考習慣 ❷

越想越差，還把想像當作現實

你有沒有試過在行動之前，就認定事情不能順利進行，或覺得一定會失敗？

如果你總是想着會出現壞的結果，事情可能真的會變得不順利啊！因此大家要小心，千萬不要去想像失敗的情境！

怪物
「主觀相信」
你一定做不到！
可能不能好好打招呼呢……

害羞小美想把東西交給鄰居，怪物「主觀相信」令她認定自己會失敗。

第二名
跑得很快呢！
不是第一名根本沒意義……
拿不到第一名跟最後一名沒分別！
怪物「非黑即白」

扭捏阿雄在跑步比賽中取得第二名，但他卻垂頭喪氣的。怪物「非黑即白」令他覺得自己不是第一名，就等於失敗的人。

思考習慣 ❸

非黑即白

怕生的人思考時常常會陷入「非黑即白」的極端思維，即是只要有一點不順利，就會認為諸事不順，或是一切都完蛋了。

但事實是不完美也不要緊，只要你盡了全力，拿不到滿分仍是可以接受的。

思考習慣 ❹

覺得大家都注意着自己

大家有沒有試過成為眾人的焦點呢？如果太過在意別人的視線，就很容易會心跳加速，然後生出類似「一定要好好做才行」或「做得不好會很醜怪」等想法。

不過，其實大家並沒你想像般注意你啊！況且失敗了也不要緊，隨着時間過去，大家便會漸漸忘記發生過什麼事。

怪物「密切注意」

大家都注意着你呢！

早晨！
林老師早晨！
大家都看着我，很難上前打招呼呢……
受怪物「密切注意」影響，扭揑阿雄覺得周圍的人都望着他，以致未能向校門前的老師打招呼。

思考習慣 ❺

認為自己應迎合對方

交談時若一心想着「盡量迎合對方吧」或「不想令他的心情變差」，就會很難說出自己真正的感受。而且一味迎合對方，你心裏也會積存許多不滿啊！

假如他是你的朋友，那就用真實的自己去跟他相處吧！朋友之間，實在沒有必要那麼小心翼翼地說話啊！

怪物「勉強迎合」
說到偶像的話，★★是最出色的！無論唱歌還是跳舞，都超級帥氣呢！
嗯……是呢。
即使你不喜歡那個偶像，也迎合一下她吧！

害羞小美不想被朋友討厭，於是勉強去迎合對方。怪物「勉強迎合」令害羞小美把真正的感受封鎖起來了！

怕生源自不安和緊張

你明白怕生的人是如何思考了嗎？沒錯，他們對任何事物的看法都偏向一邊，總是馬上想到最惡劣的情況。

這種壞習慣會令人產生不安和緊張的感覺，久而久之，他們便成為了怕生的人。

你好！

你一定不能好好跟大家談話！
大家都注意着你呀！
你滑雪是不行的！即使有人稱讚你，你也不知道對方是不是真心！

媽媽替害羞小美報讀了滑雪班，明天就要開始上課了。害羞小美心裏滿是一些不好的事情，使她擔心得睡不着。

我們首先來想想什麼是「不安」吧！誰都會有不安的心情，但怕生的人在面對不擅長的事情時，往往會回想起過往至今的失敗經歷，然後開始想「或許這次又會失敗」，以致越想越不安。

一起玩遊戲吧！
你滑得很好呢！

為什麼一定要參加滑雪班呢？我明明不想……
這個想法不說出來比較好呢。
自我介紹時出錯的話，那就完蛋了！

害羞小美會變得如此不安，全是她思考的壞習慣引致。

大家好像都在看着我呢……

啊……我……

那麼，「緊張」又是怎麼一回事呢？跟「不安」一樣，誰都會有「緊張」的時候。可是，怕生的人比其他人更加容易緊張。

這是因為他們對別人的視線特別敏感，心裏總是覺得四周的人都在望着自己。

害羞小美想問其他同學問題，可是她覺得大家都會留意她問些什麼，又會盯着自己看，不自覺緊張得說不出話來。

怕生時會變成怎樣？

不怕生時的扭捏阿雄

這兩個都是扭捏阿雄——不怕生的他遇上怕生時的他。

導致怕生的「不安」和「緊張」情緒之所以會加劇，正是受到思考的壞習慣影響。當然不止之前提及那5個壞習慣啦！你以怎樣的角度看待自己，以及有沒有自信心等都與怕生大有關係啊！

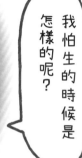

怕生時的扭捏阿雄

不知道大家是怎樣看我的呢？真叫人在意。
怕生的我應該很沒自信吧……

接下來，一起看看怕生跟「看待自己的角度」和「自信心」有怎樣的關係。

試試想像怕生時的那個自己，然後跟他對話吧！你可能也會像扭捏阿雄一樣，有什麼新發現呢！

你一直都在觀察自己？

你說的話很奇怪呀！
真的不行了！
這項生日帽不適合你呢！

扭捏阿雄十分在意校園小記者對自己的看法，於是不斷自我觀察。

以日常生活為例，當一班人一起聊天時，如果只是默默地聽別人說話，那就完全不會感到不安和緊張。但輪到自己說話時，又會怎樣呢？你會十分在意其他人怎麼看待自己嗎？

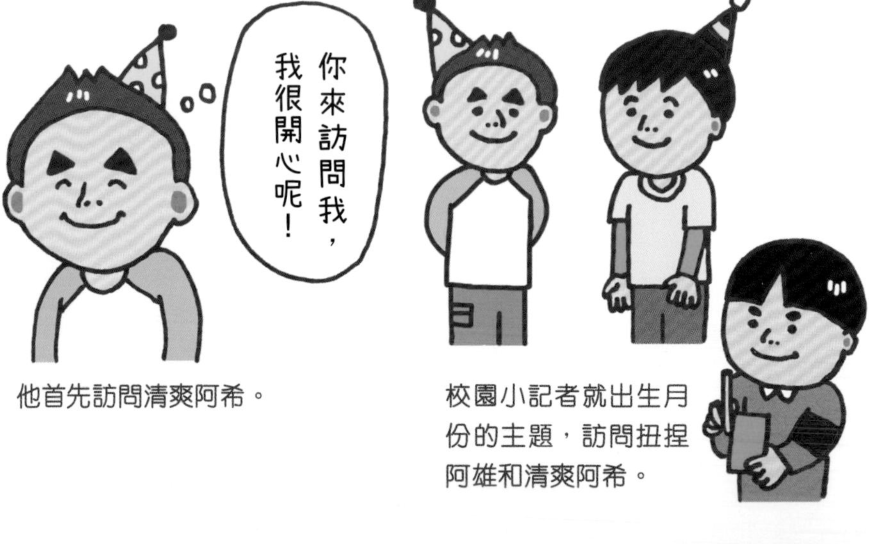
你來訪問我，我很開心呢！

他首先訪問清爽阿希。

校園小記者就出生月份的主題，訪問扭捏阿雄和清爽阿希。

校園小記者訪問清爽阿希時，他爽快地回答問題，扭捏阿雄則在旁邊安靜地聆聽。
阿希，你最想要什麼生日禮物呢？
新的電子遊戲。

接着，他訪問扭捏阿雄。
心跳加速

輪到訪問扭捏阿雄時，他突然緊張起來呢！
阿雄，你最喜歡吃什麼生日蛋糕？
巧克力蛋糕……
僵硬
原來如此

怕生的人因為太過在意旁人的目光，把原本應該放在對方身上的注意力放了在自己身上。那就變得跟周圍的人一樣，一直在觀察自己。

有沒有覺得自己做什麼都做不好？

世上根本不存在做什麼都做不好的人啊！不過，缺乏自信的人老是懷着「反正我就是不行……」的心態，以致自我評價越來越差，甚至覺得周遭的人全都比自己優秀。

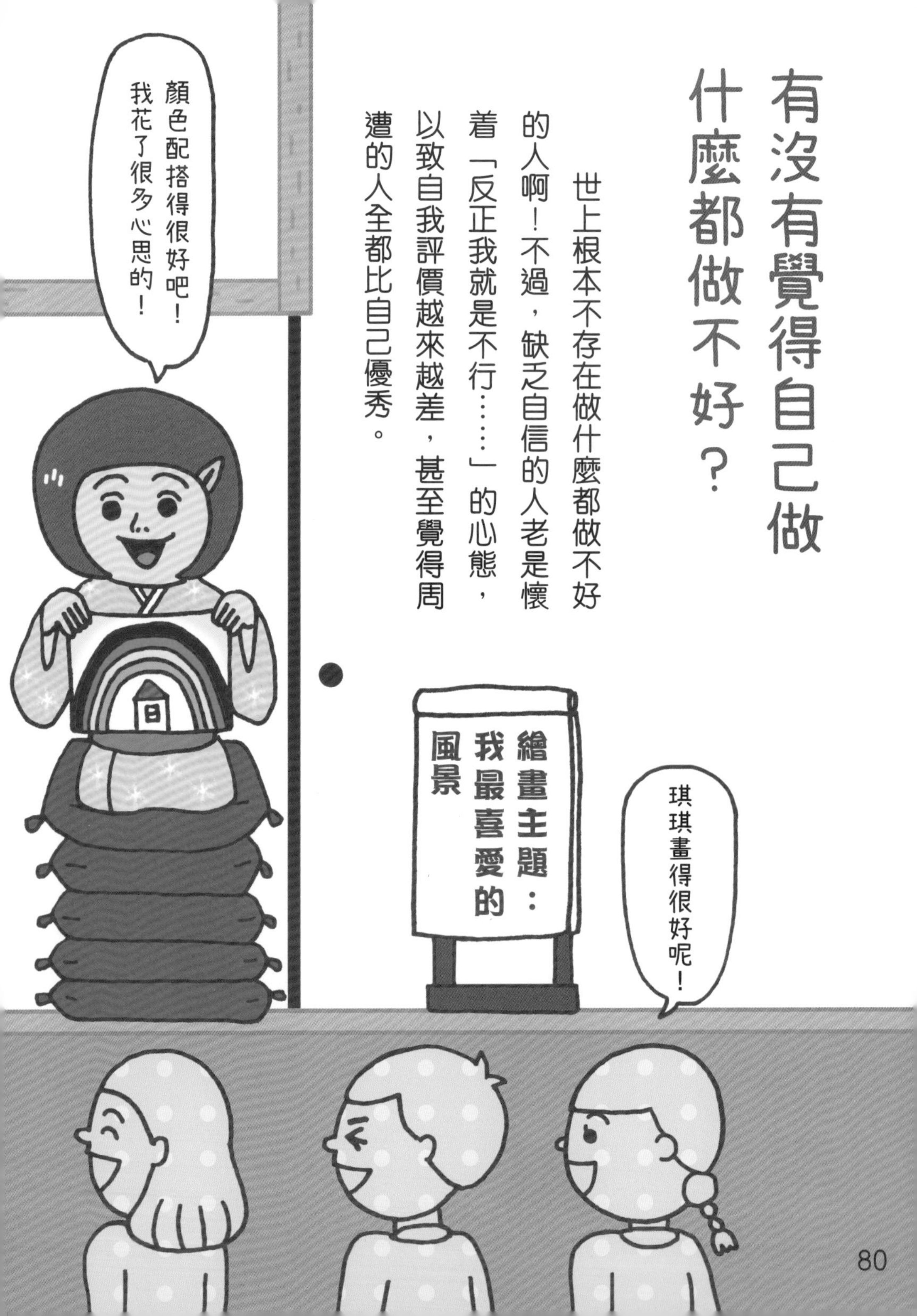
顏色配搭得很好吧！
我花了很多心思的！
繪畫主題：
我最喜愛的
風景
琪琪畫得很好呢！

只有樹葉畫得還可以吧……
真不想給別人看……
這樣想的話，自信心就會不斷減少。言談間，人家即使只是說了一些小事，你也會很容易受到傷害。
阿雄的樹葉畫得真好看！
琪琪對自己的畫作充滿信心，很想展示給大家看，阿雄的想法則相反。

不用害羞，活出真我！

相信大家在第54至57頁中，已經學習到怕生的優點，以及知道了怕生並不是什麼壞事。而你心裏也明白不可能永遠避開那些自己不擅長的情況，甚至相當珍惜與不同人相遇的機會。

即使你擁有以上種種想法，有時候也會禁不住羨慕那些不怕生的人吧！

如果不去在意自己是怕生的話，認識到新朋友的機會或許會大大增加呢！

慢慢去改變現在的自己！

一點一點去改變也可以，就慢慢地跟怕生時的「思考習慣」相處吧！

怕生是構成你的一部分，因此沒必要為了怕生而去改變自己的性格。就讓怕生與你共存吧！

只要慢慢去改變思考的壞習慣，多留意自己的優點，就漸漸可以駕馭怕生了。

在下一章，我們將會學習一些活出真我的方法！

積極老師已經能夠與那些怪物和平共處，如果扭捏阿雄和害羞小美也做得到便好了。

令人困擾的怕生可以透過改變「想法」、「心情」和「行動」去改善。

在最後這一章裏，我們來學習掌握與怕生好好相處的方法吧！

第4章 與怕生好好相處吧！

想法、心情和行動會互相影響

行動時心裏若想着「我一定做不到」的話，說不定真的做不到啊！

這是因為「想法」、「心情」和「行動」是相互關連的。當你懷着負面的想法，心情自然會變差，這對行動也會有壞影響，使你在不知不覺間變得怕生。

相反，只要改變「想法」、「心情」或「行動」其中一項，整個過程就會變得順利，令成功的機會大大增加！

我怕生的時候，也是只想着負面的事情啊！
最重要是正視自己思考的壞習慣。

害羞小美懷着「一定做不到」這個負面想法，由於想法、心情和行動會互相影響，以致事情不斷往不好的方向發展。

重新審視「思考的習慣」！

怕生的人往往會把即將發生的事情想像得極差，但事情一般不會發展至這麼糟糕。因此，要多加注意自己的思考習慣，盡量實際地去預測未來。

大家仔細觀察一下他們在想什麼吧！

害羞小美的祭典
很想和○○一起參加祭典，但還是不要邀請她了……

害羞小美明明很想邀請○○一起參加祭典，但最後還是決定放棄。

扭捏阿雄想帶路
真想為他們帶路，但還是不要了。

扭捏阿雄想為迷路的人帶路，但最後還是決定放棄。

想法透視
邀請○○可能會為她添麻煩……
媽媽不准我去呢！
我忙着學跳舞。
昨天真抱歉！
她拒絕我之後的氣氛會變得尷尬吧，我討厭這種感覺。
○○上很多興趣班，即使邀請了她，也會被拒絕吧。

想法透視
我一定不能清楚說明怎樣走。
先往右走，然後轉左……
你不為我們帶路也沒關係。
如果我帶錯了路，說不定會為迷路的人帶來困擾呢！
他們可能根本沒有迷路，是我自作聰明。

「什麼都做不到」會不會發生？

嘗試去邀請的話……
真開心呢！

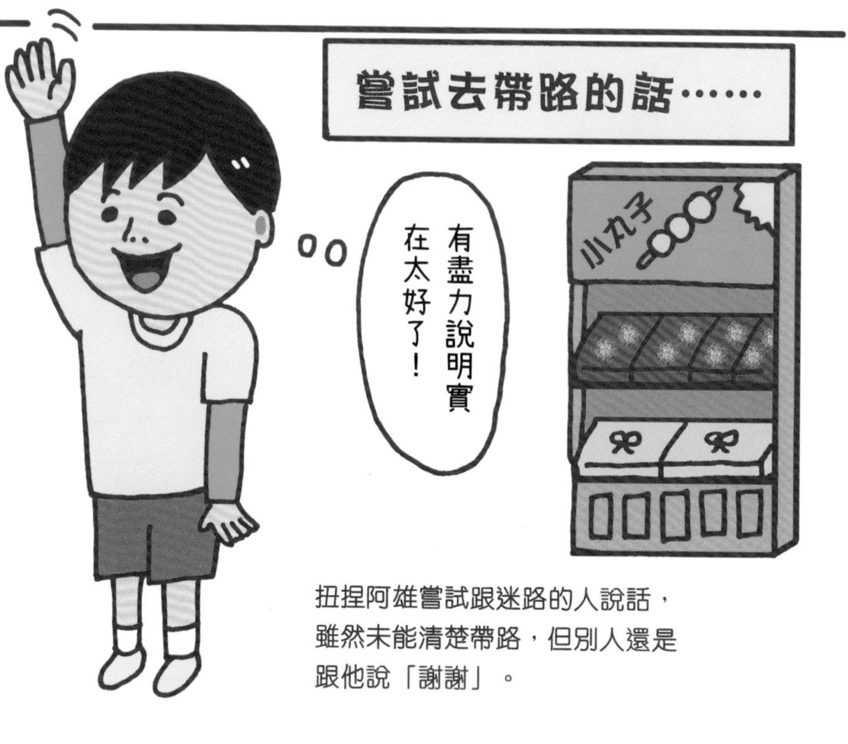

嘗試去帶路的話……
有盡力說明實在太好了！
小丸子

扭捏阿雄嘗試跟迷路的人說話，
雖然未能清楚帶路，但別人還是
跟他說「謝謝」。

害羞小美嘗試邀請朋友參加祭典，結果她的朋友答應了。舉行祭典那天，二人玩得十分高興呢！

那些曾經令你擔驚受怕的事情，當你切切實實地完成後，是不是跟你的預測有點不同，出現了令人安心的結果？有沒有讓你說出「出乎意料地順利」或「雖然不是一帆風順，但也不算太差。」這些話？

思考如何為未來做足準備是相當重要，但不用凡事都作最壞打算，弄得自己過分焦慮呢！

控制自己的焦點

步驟❶
自己的身體

你的身體現在處於什麼狀態呢？有沒有心跳加速、流汗或肚子痛？

就如第78頁所說，當你緊張得不能好好說話時，就會很在意大家是怎樣看待自己，然後越想越在乎自己的表現。

這時候，你應該嘗試改變一下焦點，比如試着去關注其他細微的事情。不一會兒，你的內心就會自然地冷靜下來。

步驟 ❷
自己的心情

接着要關注一下你的情緒，你現在的心情怎麼樣呢？是開心、傷心，抑或不安？

首先要留意「自己的身體」，然後看看「自己的心情」。現在一起來練習吧！

先將視線移至較遠的地方
起點！
看到黑板了。
現在看看課室裏面
操場上有一班小朋友在玩閃避球呢！

如果你已經注意到「自己的心情」，那就只差一點點而已。接下來，試着將視線轉移到「自己的四周」吧！

這步驟十分簡單：只需從遠處的事物開始，逐步將焦點拉近至眼前。現在來放映扭捏阿雄內心的直播，逐格看看他心中所說的每句對白吧！

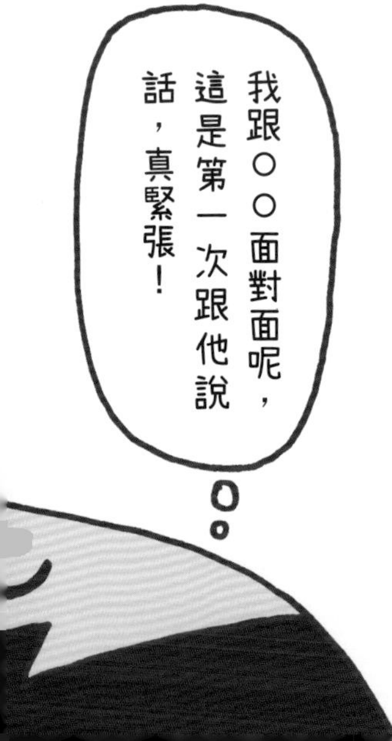
我跟〇〇面對面呢，這是第一次跟他說話，真緊張！

步驟❸ 自己的四周

最後才看眼前的人
←昨天
今天→
終點！
頭髮亂糟糟呢！

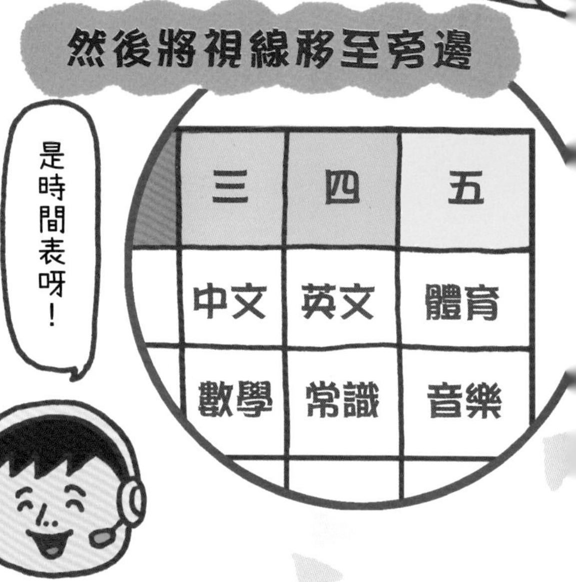
然後將視線移至旁邊
三 四 五
中文 英文 體育
數學 常識 音樂
是時間表呀！

再看一看四周
有同學在摺紙呀。

怎麼樣呢？這樣在心中說出所見所聞，可以令你將周遭的事物看得更清楚。說着說着，你是不是已經冷靜下來了呢？

小挑戰：訂立小小的目標！

請想像一下，假如自己不怕生，究竟會是個怎樣的人。好！姑且稱剛才的想像為「理想」。也許你會覺得這個「理想」只是妄想而已，但只要訂立小小的目標，你也能夠一步一步達成啊！

請你先訂立幾個可以實行的小目標，然後逐一挑戰！如果順利完成的話，別忘了要獎勵一下自己！當你做到的事情越來越多，自信心也會不斷提升，那就可以完成更加遠大的目標呢！

很想跟那個遛狗的姐姐談話呢……
目標 1
跟姐姐有眼神接觸
目標 2
跟她打招呼，說「你好」

害羞小美每天都會帶小狗散步，途中常常遇到一個同樣在遛狗的姐姐，她很想這個姐姐談話。

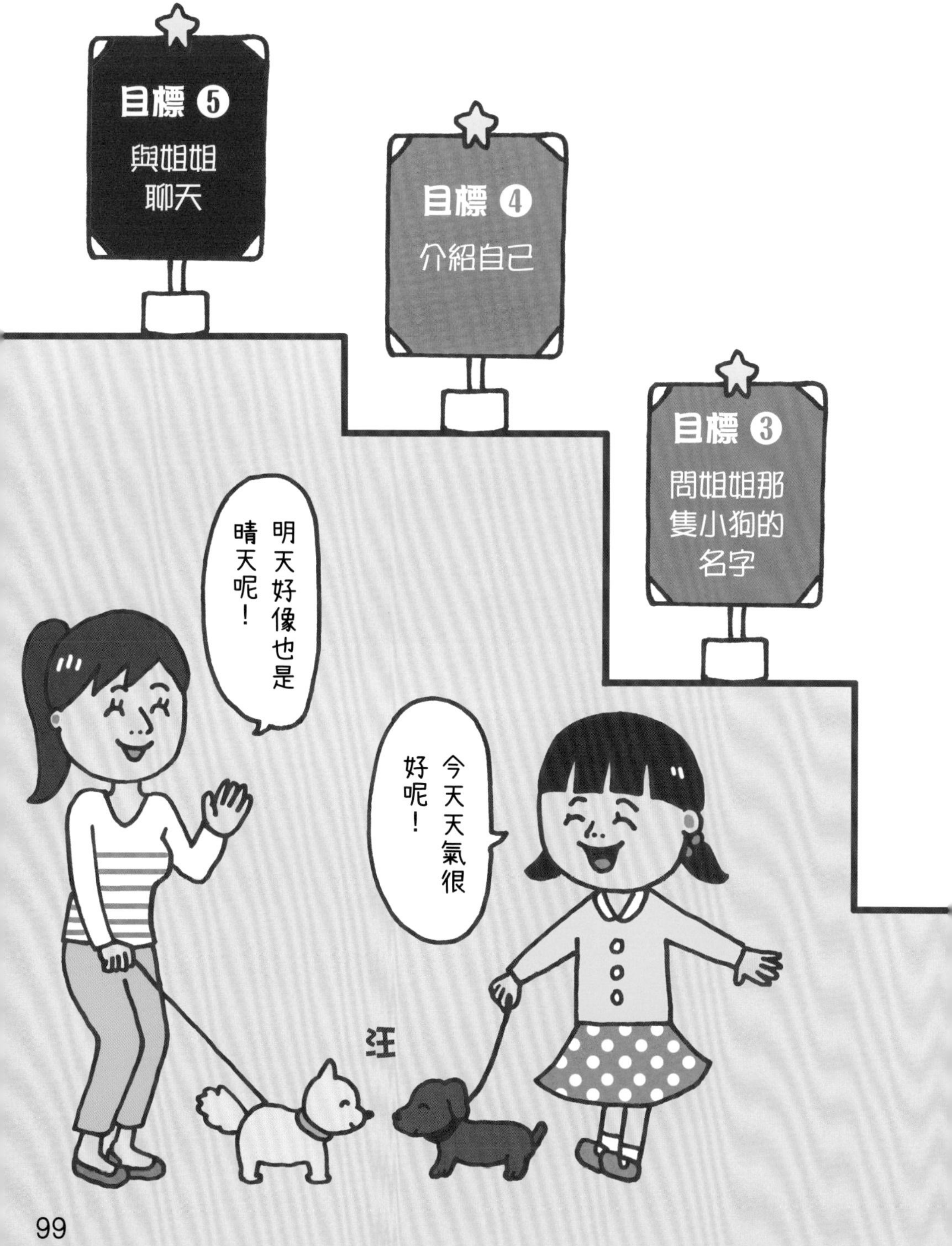

目標 5
與姐姐聊天
目標 4
介紹自己
目標 3
問姐姐那隻小狗的名字
明天好像也是晴天呢！
今天天氣很好呢！
汪

緊張也不要緊！

緊張感
太高
太想讓自己放鬆下來，
反而越來越緊張，結果
未能順利跟店員說話。
高

如果有人說：「我在鋼琴演奏會中彈得比平日還好呢！」你不必感到驚訝。很多人正式演出時都表現得比練習時好，正是因為「緊張」這個好伙伴！

只要你有努力準備和好好練習，在正式演出時有一點緊張是沒問題的。因為你那份堅持會轉化成力量，來助你一臂之力啊！

積極老師毫不緊張地在高級名店裏購物，卻讓他感到十分尷尬。

積極老師試着向店員說出自己想要什麼衣服。說話時雖然有少許緊張，還有點心跳加速，但最後仍然順利買到想要的衣服。

挑戰自己做得到的事情！

怕生的人在不認識的人面前，或是身處不熟悉的地方時，大多都會因為過度緊張而未能順利展開對話。

可是，無論誰都試過失敗，而且大家都害怕失敗。沒有人一開始就能成功做到所有事情，因此你可以一件一件慢慢累積自己能夠做到的事情。

試着以「有少許緊張也不要緊」的想法來開始吧！

積極老師即使緊張，仍能成功到不同的商店購物。就連那間自己一直憧憬的商店，他也成為了常客呢！

高聲打招呼！

為什麼每天都必須跟別人打招呼呢？試想像一下，如果這個世界沒有了打招呼這回事，會是怎樣的感覺呢？大概變得寧靜又冷漠，人們也會因為互不了解對方的心情而擔憂起來。

「早晨」、「你好」、「路上小心」等問候語是十分重要的，

安靜……
他們不開心嗎？
連我也跟着不安起來了……
他們在想什麼呢？

如果不去打招呼的話，周遭就會一片寂靜，也不會知道大家在想什麼。

這不但可以把好心情傳播開去，別人還會報以微笑呢！

而跟初次見面的人打招呼更可消除緊張感，令大家放鬆下來，製造展開對話的機會。假如你覺得主動問候別人很困難，那就不妨向對方展露笑臉（並試着在心中問候他！）待你習慣後便試試發聲，勇敢地打招呼吧！

路上小心呀！
我出門了！
早晨！
早晨！
跟大家打招呼，心情會變好呢！
你好！
你好呀！

主動跟別人打招呼，可以令四周的人展露笑臉。

掌握對話的秘訣

大家有沒有試過交談時陷入一片尷尬的沉默？是不是令人十分困擾？其實要順利跟別人對話是有竅門的，現在就來為大家介紹「六大秘訣」！

只要牢牢記住這些技巧，當有人突然跟你說話，你仍能不慌不忙地應付，好好享受對話的過程！

❶ 善用肢體語言來表達

開心的時候，可以把雙手放在胸前來說話；驚訝的時候，可以稍微舉起雙手，再指手畫腳般說話。

對話時若一直想着「之後怎樣回應好呢……」，恐怕難以用心聆聽對方的話。相比起「好好說話」，不如先以「好好聆聽」作目標吧！

即使找不到合適的話回應，只要說「嗯嗯」來附和，也可以把自己認真聆聽的心情傳達給對方。

❹ 什麼事情都試着發問

媽媽稱讚我呀！
為什麼呢？

聽到朋友的話後，不時會產生「為什麼呢？」、「之後會怎樣呢？」等想法。這時候不妨問問對方，相信他們一定樂意告訴你的！

❺ 表達自己的感受

很厲害呢！
我不再怕吃青椒了！

將自己的感受坦白地告訴對方也是對話的秘訣啊！若朋友的話令你有「很厲害呢！」或「是真的嗎？」等感受，那就直接說出來好了。

你可以事先準備自我介紹的內容，並在家中練習一下。那麼你面對初次見面的人時，就沒那麼擔心了！建議你按「打招呼↓說出名字↓介紹喜好」的次序來介紹自己，當然也可以隨你變化啦！

❻ 練習自我介紹
大家好，
我是小美，
喜歡畫畫。

你找到適合自己的對話秘訣了嗎？學會以後，還可以試試發掘其他符合你個人特色的對話秘訣呢！

為自己打打氣

當你因為怕生而感到困擾時，請不要獨力承擔，試着跟其他人商量一下吧。

如果有人願意依靠或信賴自己，其實是挺開心的。家人也好，老師也好，朋友也好，相信誰都會有同樣的心情。所以你大可以跟他們談一談啊！而商量期間向對方吐露心聲，還能令彼此的關係更加深厚呢！

找別人商量時，說不定會找到支持你的人。如能找到這樣的人，那就實在太好了！有人在身邊鼓勵你，替你打氣的話，你一定會比獨自面對時堅強得多！

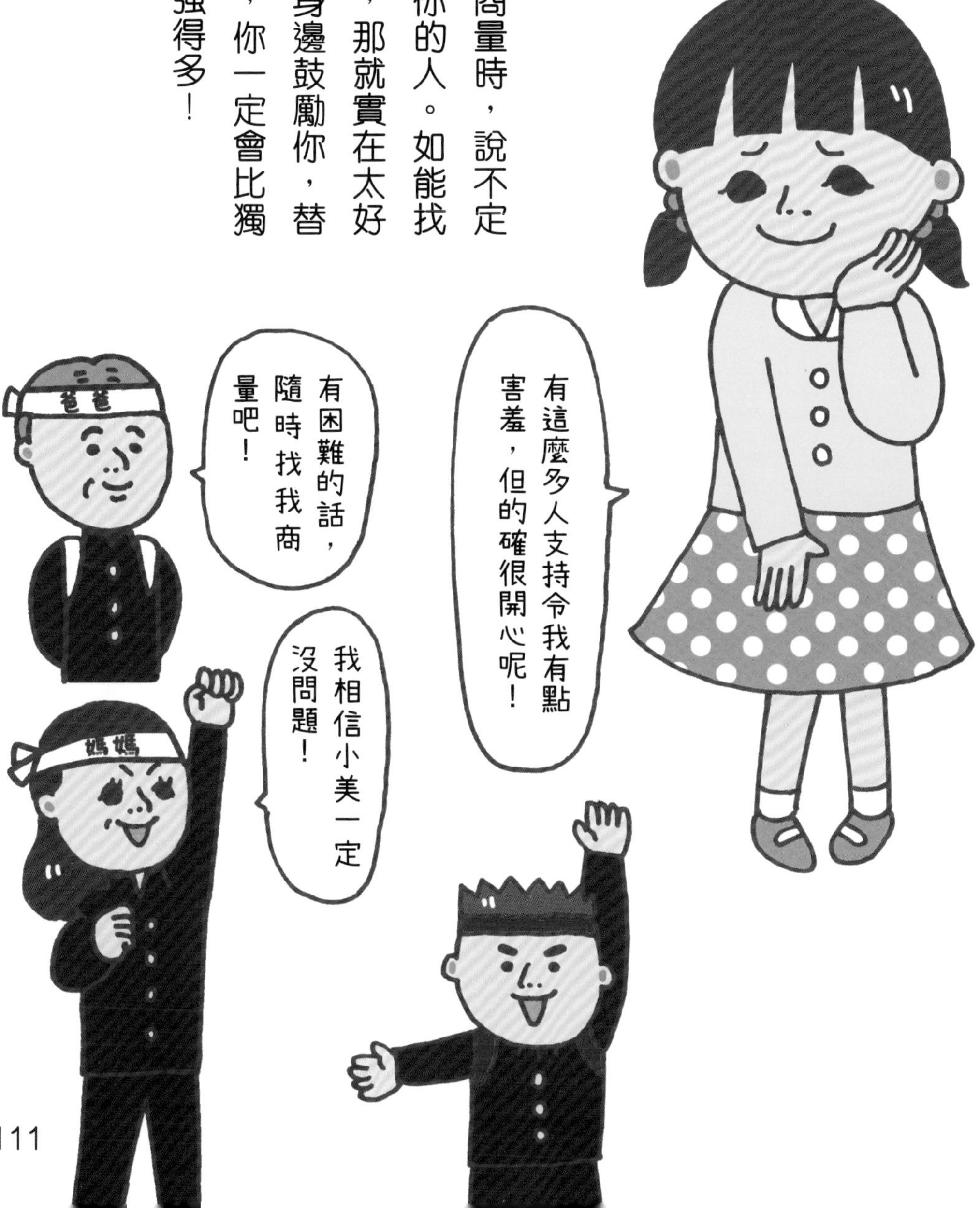
有這麼多人支持令我有點害羞，但的確很開心呢！
爸爸
有困難的話，隨時找我商量吧！
媽媽
我相信小美一定沒問題！

盡全力去做自己喜歡的事，建立自信！

做自己真心喜歡的事情時，不管是做運動、畫畫還是彈奏樂器，時間總是轉眼便溜走。

試想想，當你全情投入的時候，是不是不再在意旁人的目光？假如怕生的人在煩惱些什麼，不妨盡全力去做自己喜歡的事情吧！

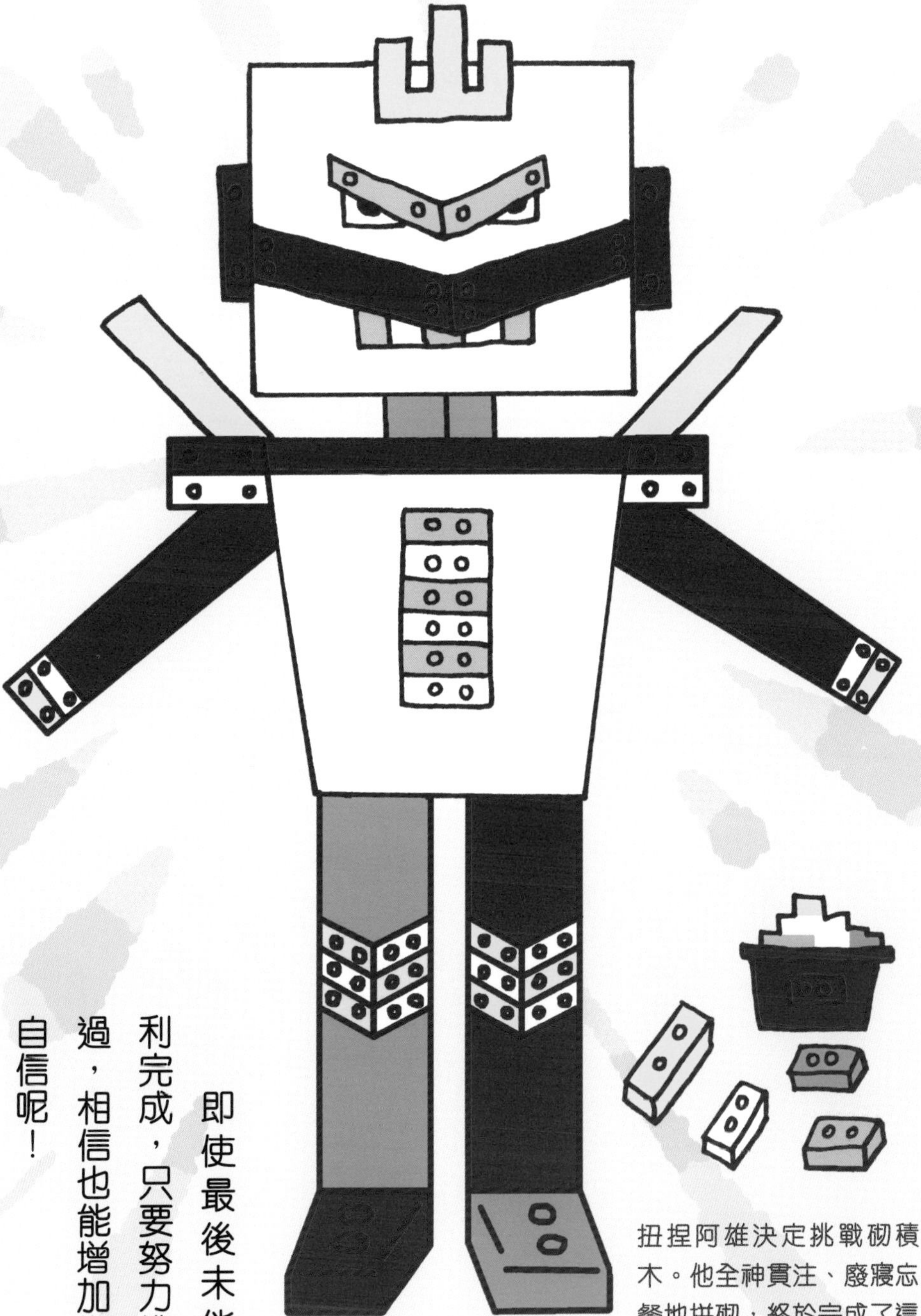

即使最後未能順利完成，只要努力挑戰過，相信也能增加你的自信呢！

扭捏阿雄決定挑戰砌積木。他全神貫注、廢寢忘餐地拼砌，終於完成了這個巨大的機械人，讓大家大吃一驚呢！

在心中慢慢累積「成功」

種植的花兒開得很漂亮

認識了新朋友

「這麼率直坦白真好呢！」

「他始終能保持樂觀，真厲害！」

你身邊有沒有人讓你說出類似的話來？這些人想必有很好的思考方法，或是從過往的經歷中領悟到凡事總有解決方法，於是不再害怕，盡量展現出真我。

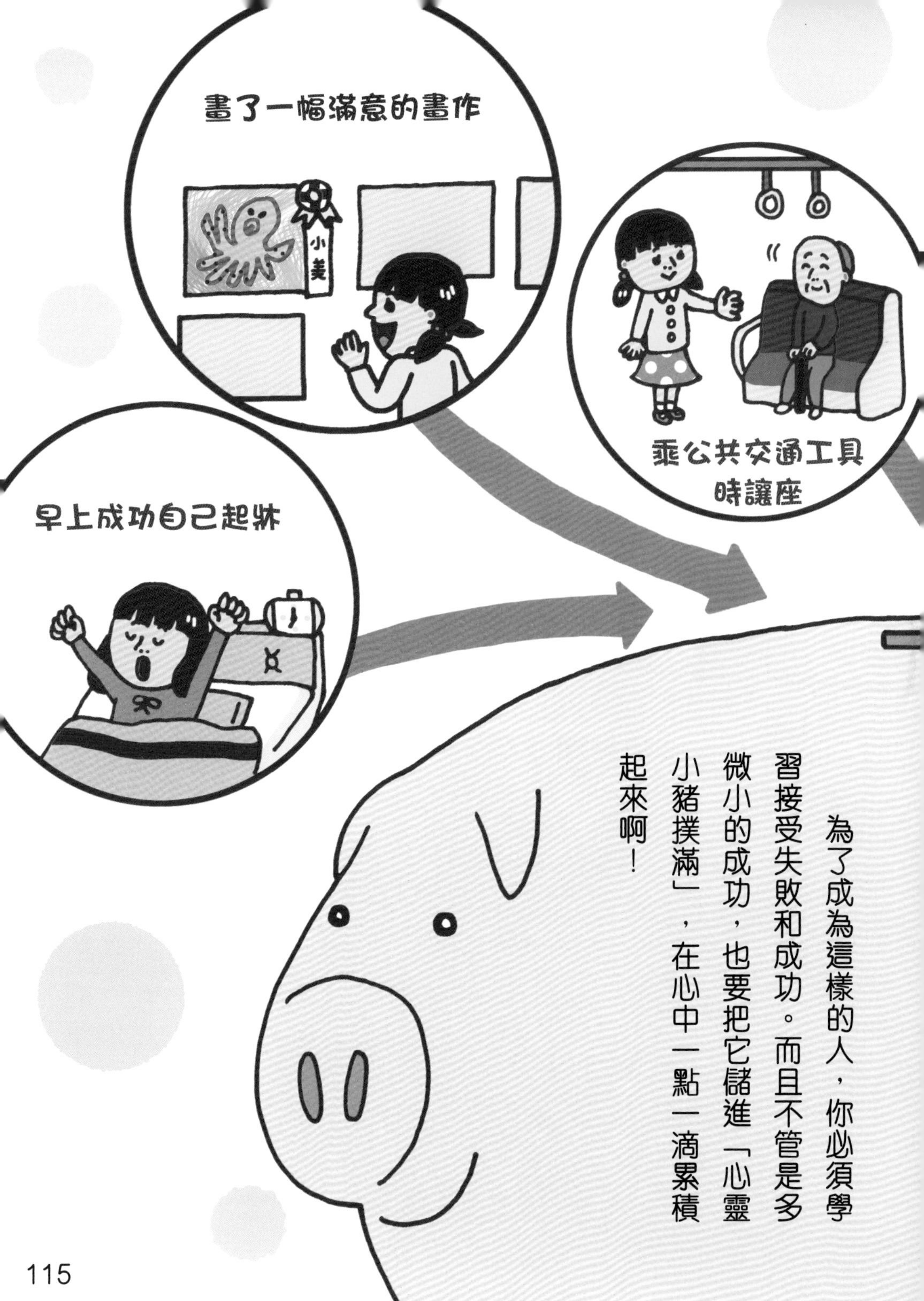
畫了一幅滿意的畫作
小美
乘公共交通工具
時讓座
早上成功自己起牀

為了成為這樣的人，你必須學習接受失敗和成功。而且不管是多微小的成功，也要把它儲進「心靈小豬撲滿」，在心中一點一滴累積起來啊！

為別人而行動！

希望你天天都掛着笑容，親切地對待身邊每一個人。因為向別人微笑是一件十分美好的事情，能令大家的心情開朗起來啊！如果你有能力，還可以想想怎樣幫助他們，散播善意。

當你從其他人的角度出發，嘗試為他們而行動，就會漸漸忘記怕生這回事，變成更美好的自己。大家也來挑戰一下吧！

有沒有可以為家人做的事情呢？

當你想着為別人付出時，就不會再只考慮自己的事情了！

應該有很多的，例如替花澆水、倒垃圾等。

害羞小美在思考自己可以
為家人做些什麼。

看到這裏，相信大家已經學習了不少關於怕生的事情。扭捏阿雄和害羞小美最初也很困擾，但現在似乎有信心跟「怕生」好好相處呢！
小美
現在你們能不能跟怕生好好相處呢？

第二名
我開始喜歡上怕生的自己呢！
我不會什麼都怪罪怕生了！

心情
想法

我變，變，變！最重要的是逐少改變自己的「想法」、「心情」和「行動」啊！

當然，將來你或許還
會因為怕生而苦惱。
失敗了也不
要緊啊！
我替你拿行李好嗎？

這時候，請回想一下積極老師教你的技巧，再次挑戰一下吧！
我們一起玩耍吧！
一定能順利的！

別忘了「怕生其實也不錯」這份心情呢！
我也要踢！
小息時一起踢足球吧！
好呀！

來玩吧！
好！
嘩！
我也要玩！

後記

遇見這本書前，你或許會有「如果我不怕生，那該有多好呢……」的想法。但當你讀完這本書，大概已經明白到怕生並不是只會為人帶來困擾。而且最重要的，是你應對這樣的自己抱有自信。

我比大家年長一點，接觸過不少怕生的人。跟這些人相處期間，我在他們身上發現了很多優點。例如：待人特別親切，懂得體諒別人，很有責任感，希望不斷進步等，總之充滿魅力的大有人在。

其實正面樂觀的「想法」、「心情」和「行動」是可以練習的，只要不斷訓練，就能慢慢改善怕生引起的那些問題。而此刻的你正是抱着能夠改變的信念，才會買這本書來看。請珍惜這個願意鼓起勇氣，坐言起行的自己！

在書中登場的扭捏阿雄和害羞小美已學會了如何減低怕生帶來的困擾，慢慢發掘到自己的優點，變得越來越有自信。希望大家將來也能夠高聲說出「怕生的我真不錯！」，畢竟這性格是你重要的一部分啊！期待看到你活出真我，勇敢地發揮出怕生獨有的魅力呢！

名越康文

正向性格修煉術

害羞的我也能勇敢說話！

編　　著：名越康文
翻　　譯：杜穎琴
責任編輯：林沛暘
美術設計：鄭雅玲
出　　版：新雅文化事業有限公司
香港英皇道 499 號北角工業大廈 18 樓
電話：(852) 2138 7998
傳真：(852) 2597 4003
網址：http://www.sunya.com.hk
電郵：marketing@sunya.com.hk
發　　行：香港聯合書刊物流有限公司
香港荃灣德士古道 220-248 號荃灣工業中心 16 樓
電話：(852) 2150 2100
傳真：(852) 2407 3062
電郵：info@suplogistics.com.hk
印　　刷：中華商務彩色印刷有限公司
香港新界大埔汀麗路 36 號
版　　次：二〇二〇年十二月初版
二〇二三年三月第二次印刷

ISBN: 978-962-08-7619-6
Translated from *SUKKIRI KAIKETSU! HITOMISHIRI*（すっきり解決！人見知り）supervised by Yasufumi Nakoshi

Original Japanese edition is published in 2017 by Nihon Tosho Center Co., Ltd.
This Traditional Chinese edition is published by arrangement with Nihon Tosho Center Co., Ltd., Tokyo in care of Tuttle-Mori Agency, Inc., Tokyo through Inbooker Cultural Development (Beijing) Co., Ltd., Beijing

18/F, North Point Industrial Building, 499 King's Road, Hong Kong
Published in Hong Kong SAR, China
Printed in China